Scott y Amundsen
La conquista del polo sur

Colección dirigida por

Francisco Antón

Cubierta: Estudi Colomer

Primera edición, 2004

Depósito Legal: B. 51.414-XLVI
ISBN: 84-316-7172-6
Núm. de Orden V.V.: N-898

IMPRESO EN ESPAÑA
PRINTED IN SPAIN

Editorial VICENS VIVES. Avda. de Sarriá, 130. E-08017 Barcelona.
Impreso por Gráficas INSTAR, S.A.

K. T. Hao
Montserrat Fullà

Scott y Amundsen
La conquista del polo sur

Vicens Vives

Hay hombres que sueñan con recorrer territorios nunca pisados por un ser humano. Sin embargo, a principios del siglo xx quedaban pocas regiones sin explorar sobre la faz de la Tierra. La más atractiva era sin duda el inmenso continente helado que llamamos Antártida, un lugar yermo y deshabitado que imponía mucho respeto. Sus aterradores inviernos desalentaban incluso a los aventureros más osados, que se habían internado en el continente pero jamás habían pisado el polo sur geográfico, ese singular punto del planeta en el que todo queda al norte.

En 1911, el británico Scott y el noruego Amundsen rivalizaron sobre los hielos de la Antártida en una carrera tan trepidante como temeraria. Los dos querían que la bandera de su país fuese la primera en ondear sobre el polo sur, pero la gloria del triunfo tan sólo estaba reservada a uno de ellos. Y, venciera quien venciera, a los dos les aguardaba un reto aún más difícil que alcanzar el polo: regresar con vida para relatar su proeza.

En la historia del heroísmo humano, pocas aventuras conmueven tanto como la de los triunfos y fracasos de Scott y Amundsen.

Scott y Amundsen

La conquista del polo sur

El capitán de la armada británica Robert Falcon Scott siempre había ambicionado realizar alguna proeza, por eso se llenó de gozo cuando el 2 de febrero de 1902, tras cinco meses de navegación a bordo del *Discovery*, desembarcó en la Antártida con el objetivo de explorar aquel territorio y, si era posible, alcanzar el polo sur. En aquella fecha era verano en el hemisferio sur, y Scott había decidido pasar en la Antártida el oscuro invierno polar, que su expedición necesitaba para aprender a esquiar y a conducir los trineos tirados por perros. Los marineros localizaron un lugar adecuado para anclar el *Discovery*, que quedaría aprisionado por los bloques de hielo cuando las temperaturas descendieran. El barco era tan sólido que aguantaría sin resquebrajarse la presión de los témpanos.

Cuando el verano volvió tras muchos meses de oscuridad, Scott se adentró en el continente camino del polo junto a dos hombres: el experto marino mercante Ernest Shackleton y el doctor Edward Wilson, que era a la vez médico, biólogo y hábil dibujante. La expedición comenzó el 2 de noviembre de 1902 y duró 93 días. Cada uno de los hombres condujo un trineo tirado por perros y abarrotado de provisiones a lo largo de una interminable llanura helada. No lograron pisar el polo, pero, tras recorrer 600 kilómetros, alcanzaron un punto al que nadie había llegado con anterioridad: los 82° 17' de latitud sur. El regreso, sin embargo, fue muy duro, pues los tres hombres enfermaron de escorbuto, tenían las extremidades hinchadas y ellos mismos debían tirar de los trineos porque casi todos los perros habían muerto o habían sido sacrificados para que no sufrieran. La nieve les cegaba los ojos y el camino les exigía un esfuerzo sobrehumano, pero los expedicionarios regresaron con vida. Algún día lo intentarían de nuevo, si bien Scott y Shackleton ya sabían que no volverían a viajar juntos, pues entre ellos había surgido una profunda enemistad.

Al cabo de siete años, en abril de 1909, el norteamericano Robert Peary logró alcanzar el polo norte. Entonces Scott dijo:

—Ahora lo que importa es que un inglés llegue al polo sur.

Aquel mismo día comenzó a preparar su segundo viaje a la Antártida, que se inició en junio de 1910.

Cinco días después, un hombre alto y rubio de treinta y siete años con un bigote aristocrático y unos penetrantes ojos azules zarpaba desde Oslo en un barco llamado *Fram*. Se trataba del experimentado explorador polar Roald Amundsen, de quien se cuenta que se calzó sus primeros esquíes nada más aprender a caminar. Desde los quince años, Amundsen soñaba con pisar el polo norte, pues quería imitar las hazañas de Nansen, el famoso aventurero noruego que había cruzado esquiando toda Groenlandia. Para hacer realidad sus sueños, Amundsen se pasó la vida preparándose a conciencia: se enroló en un barco dedicado a la caza de focas, navegó por los mares árticos, aprendió a guiar trineos arrastrados por perros e investigó sobre el tipo de prendas más eficaces contra el frío. Además, entabló amistad con su admirado Nansen, quien le enseñó un sinfín de cosas sobre la supervivencia en las tierras del hielo y llegó incluso a cederle el *Fram*, el mítico barco noruego que había sido construido ex profeso para la exploración del Ártico.

Capitaneado por Amundsen, el *Fram* zarpó al alba del 7 de junio de 1910. Sobre la cubierta, la tripulación exclamaba con júbilo:

—¡Prepárate, polo norte, que vamos a por ti!

Amundsen, en cambio, permanecía callado mientras contemplaba el mar con una enigmática sonrisa en la boca.

Al poco de zarpar, el *Fram* ancló en una pequeña isla situada frente a la costa sur de Noruega, donde subieron a bordo unos cien perros groenlandeses muy bien seleccionados. Los marineros se extrañaron mucho al verlos, pues lo lógico era recoger a los perros cerca del polo. Amundsen no dio explicaciones, pero al cabo de unos días reunió a la tripulación para aclararlo todo.

—No vamos al polo norte —dijo—, sino a la Antártida. Quiero llegar al polo sur antes que Scott, para que la bandera de nuestra patria sea la primera en ondear allí.

La sorpresa inicial de la tripulación enseguida dio paso al entusiasmo.

—¡Por supuesto que llegaremos los primeros! —exclamó alborozado uno de los expedicionarios, que se llamaba Bjaaland y era campeón de esquí.

Para entonces, el hemisferio austral ya parecía al alcance del *Terra Nova*, el barco en el que viajaba la expedición de Scott: un nutrido grupo de oficiales, científicos y tripulantes elegidos entre más de ocho mil voluntarios. En los trópicos, la temperatura era tan elevada que los hombres dormían en cubierta. ¡Qué contraste con el clima que les aguardaba en la Antártida! Como la expedición británica tenía también una finalidad científica, todo el mundo colaboraba en las observaciones sobre asuntos tan variados como la electricidad atmosférica del océano y la salinidad de los mares cálidos. Wilson, que ya había acompañado a Scott en su primer viaje antártico, se levantaba de madrugada para observar las aves marinas y capturar algunos ejemplares para el museo de Historia Natural, mientras que Bowers engrosaba sin parar la colección de insectos.

El *Terra Nova* recaló en Melbourne, donde Scott bajó a tierra para recoger el correo y visitar a su esposa, que se hallaba en Australia desde hacía unos días. Allí se encontró con una desagradable sorpresa: un telegrama firmado por Amundsen que decía: «Me permito informarle de que el *Fram* se dirige a la Antártida».

–¡Esto es ridículo! –se indignó Scott–. No vamos a la Antártida a participar en una carrera, sino a realizar una exploración científica. Si él quiere competir, es cosa suya. Nosotros cumpliremos nuestra misión con honor, como es propio de los ingleses.

Sin embargo, el desafío había comenzado. La prensa noruega publicó entusiasmada las palabras de Amundsen. Los británicos aceptaron el reto, pues confiaban en llegar los primeros.

–Amundsen está loco si cree que puede alcanzar el polo sur –decían los hombres de Scott–. Tal vez disponga de perros, pero no son muy de fiar. Nosotros tenemos tres trineos de motor y los ponis.

Así era, porque Scott, tras haber presenciado la muerte de los perros durante su primer viaje a la Antártida, decidió que, por más que llevasen algunos perros, serían los ponis manchúes y los hombres quienes arrastrarían los trineos. Fue un error fatal.

A principios de enero de 1911, el *Terra Nova* ancló por fin en la Antártida. El capitán Scott ordenó instalar el campamento base en el cabo Evans, junto a la bahía de McMurdo y al pie del volcán Erebus, que parecía dar la bienvenida a los británicos con su humeante columna de vapor. Enseguida comenzó la descarga del ingente equipo, que era depositado con cuidado sobre los témpanos flotantes que rodeaban el barco y trasladado después al campamento. Los treinta perros y los diecisiete ponis fueron desembarcados sin problemas, pero con los trineos motorizados no ocurrió lo mismo. Cuando ya se habían bajado dos, el hielo comenzó a resquebrajarse bajo el peso del tercero. Los marineros se hundían arrastrados por la carga, y algunos creyeron que iban a perecer en las gélidas aguas de la Antártida. Al cabo, sus compañeros lograron salvarles la vida, pero el trineo corrió peor suerte, y desapareció para siempre en las profundidades del océano.

Una vez en tierra firme, los británicos construyeron un establo para guarecer a los ponis de las ventiscas y una cabaña cuyas paredes estaban formadas por dos capas de madera entre las cuales se dispuso un manto de algas secas. Era un lugar agradable, con calefacción, cocina y un par de caprichos: un gramófono y una pianola. Los veinticinco hombres de Scott pasarían allí el invierno, y se pondrían en marcha hacia el polo en cuanto llegase el verano. Mientras tanto, la tripulación del *Terra Nova* se embarcó rumbo este, hacia la Tierra del Rey Eduardo.

El *Fram* llegó a la Antártida pocos días después del *Terra Nova* y fondeó en la peligrosa bahía de las Ballenas. Mientras unos descargaban y empezaban a construir una cabaña para diez hombres, otros se dedicaron a cazar y despedazar pingüinos y focas para proveer a los habitantes del campamento. Haría falta mucha carne para alimentar a los hombres y a los cien perros y sus futuras crías.

Una noche, al poco de llegar, los noruegos oyeron un gran estruendo: el *Terra Nova* acababa de fondear en la bahía de las Ballenas. Un marinero del *Fram* empuñó el arma, pensando que los británicos querían vengarse por el hecho de que Amundsen hubiera ocultado hasta el final su propósito de conquistar el polo sur. Sin embargo, el encuentro entre las tripulaciones rivales fue cordial. Los británicos visitaron la cabaña de los noruegos e invitaron a Amundsen y a otros hombres a comer en el *Terra Nova*, propuesta que fue aceptada. Tal cortesía no era gratuita, pues cada bando quería averiguar los medios de que disponía el contrario. A los británicos les asombró la cantidad de perros que tenían los noruegos y la destreza con que los manejaban, mientras que a Amundsen le preocupaban

16

los trineos motorizados de Scott. Entonces nadie sabía qué sería más decisivo para conquistar el polo: si la fuerza de los animales o el poder de las máquinas. En cualquier caso, la comida y la conversación fueron breves: el *Terra Nova* reemprendió pronto su viaje de exploración mientras los noruegos prosiguieron con la instalación de su campamento, al que llamaron Framheim ('casa del *Fram*').

0   200 400 600 800 KM

Quedaban seis semanas de luz antes del invierno, y había que aprovecharlas para allanarse el camino hacia el polo. En cuanto el *Fram* zarpó hacia Buenos Aires, Amundsen partió hacia el sur con tres hombres. Querían instalar el primero de una serie de depósitos de víveres y queroseno en la ruta hacia el polo. De ese modo, la expedición de Amundsen hallaría en su camino alimentos para los hombres y los perros y combustible con el que calentarse. Convenía pensar sobre todo en el regreso desde el polo, que los expedicionarios realizarían agotados, desnutridos, minados por la congelación y quizá enfermos de escorbuto.

El viaje fue espléndido. Los perros avanzaron aprisa bajo una agradable temperatura de 12 grados bajo cero, y en sólo cuatro días los tres noruegos alcanzaron los 80° de latitud, donde instalaron un depósito de media tonelada de provisiones. Para localizarlo entre la nieve que dejaría el invierno, le colocaron encima una gran bandera negra, y varias más alrededor. Luego, la expedición volvió al campamento a paso rápido y sin dificultades, gracias al excelente dominio que los noruegos tenían del esquí.

El grupo de Amundsen hizo otros dos viajes para establecer nuevos puntos de abastecimiento: uno de 2.100 kilos de provisiones en la latitud 81° y otro con 110 litros de queroseno y abundante comida en la 82°. El regreso del último viaje, sin embargo, fue penoso, pues la temperatura había descendido hasta los 40 grados bajo cero y soplaba un viento fuerte que agrietaba los rostros y congelaba las manos. Pese a todo, los cuatro hombres se detuvieron por el camino a matar unas focas para dejar carne fresca en el depósito 80°.

También Scott decidió crear depósitos, pero topó con múltiples dificultades. Los trece hombres, ocho ponis y veintiséis perros que partieron hacia el sur no tardaron en desfallecer. Los ponis se hundían en los ventisqueros y avanzaban tan despacio que cada día tenían que salir dos horas antes que los perros. Por la noche, tiritaban de frío bajo los cortantes vientos de −20°, mientras los perros descansaban calientes en los agujeros que excavaban en la nieve. El capitán

Oates le dijo a Scott que lo mejor era matar a los ponis enfermos y alimentarse con su carne para recobrar fuerzas.

–¡Ni hablar! –respondió Scott con indignación–. Los ponis son nuestros amigos. Nos han ayudado a llegar hasta aquí y no vamos a sacrificarlos, ¡y mucho menos a comérnoslos!

Tres días más tarde dos ponis murieron.

La expedición llevaba casi un mes caminando, y ni siquiera había alcanzado la latitud 80°. Las temperaturas bajaban sin cesar y los ponis no podían resistir más. Scott decidió instalar el depósito de víveres principal, que denominó «Una Tonelada», en la latitud 79° 29'. Tal vez quedara demasiado lejos si Scott y sus acompañantes regresaban del polo con apuros.

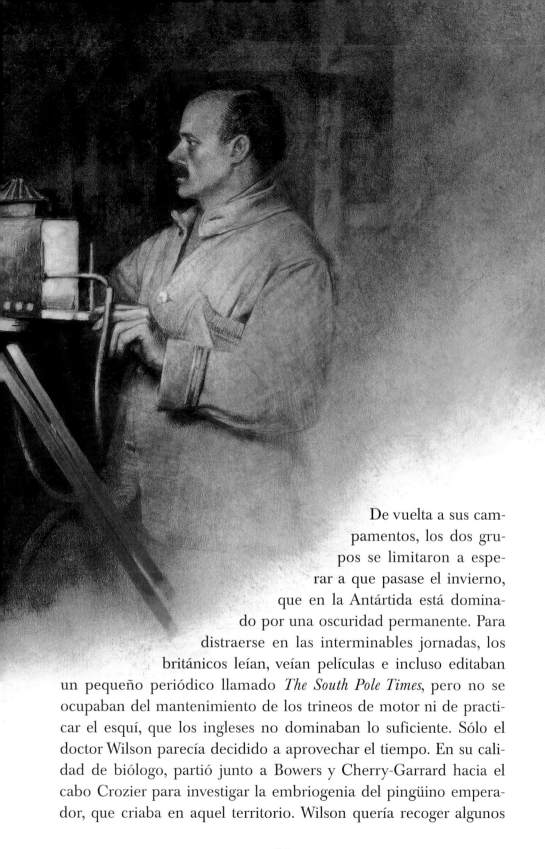

De vuelta a sus campamentos, los dos grupos se limitaron a esperar a que pasase el invierno, que en la Antártida está dominado por una oscuridad permanente. Para distraerse en las interminables jornadas, los británicos leían, veían películas e incluso editaban un pequeño periódico llamado *The South Pole Times*, pero no se ocupaban del mantenimiento de los trineos de motor ni de practicar el esquí, que los ingleses no dominaban lo suficiente. Sólo el doctor Wilson parecía decidido a aprovechar el tiempo. En su calidad de biólogo, partió junto a Bowers y Cherry-Garrard hacia el cabo Crozier para investigar la embriogenia del pingüino emperador, que criaba en aquel territorio. Wilson quería recoger algunos

huevos antes de que nacieran los polluelos a fin de analizarlos al microscopio cuando volviesen a Inglaterra. Sin embargo, la expedición fue una auténtica pesadilla. Bajo un frío y un viento insoportables, los tres hombres arrastraban dos trineos cargados al máximo que sobrepasaban la altura de una persona.

«En aquellos días», escribió Cherry-Garrard al volver a Londres, «reinaba una oscuridad absoluta. A veces, entre las once de la mañana y las tres de la tarde, una tenue claridad iluminaba los profundos agujeros que dejaban nuestros pies sobre la nieve blanda. Luego oscurecía del todo, y debíamos consultar nuestros instrumentos a la luz de una vela. ¡Formábamos la procesión más extraña del mundo! Las temperaturas llegaban con frecuencia a cincuenta grados bajo cero. Un día se me ocurrió quitarme los guantes y, al rozar con las manos los instrumentos de orientación, se me congelaron los dedos. Las ampollas que me salieron quedaron heladas bajo la piel. El aliento se nos congelaba en la cara y, cuando

intentábamos escribir, el papel quedaba cubierto por la fina capa de hielo que formaba nuestra respiración. Otro problema gravísimo era la transpiración: ¡jamás hubiera imaginado que nuestro cuerpo segregara tanto líquido por los poros! El sudor no se secaba, sino que formaba capas de hielo entre nuestra piel y la camiseta, debajo de los pantalones o dentro de las botas. Una vez alcé la cabeza por unos segundos para mirar alrededor y ya no pude bajarla: la ropa se había quedado rígida como una armadura, así que durante cuatro horas tuve que arrastrar el trineo con la cara levantada. Desde entonces, cada vez que alzábamos la cabeza la agachábamos enseguida en posición de arrastre para no dar tiempo a que la ropa se helara».

Pese a todas las penalidades, los tres hombres lograron su propósito: tras llegar al cabo Crozier, capturaron varios huevos de pingüino emperador y los metieron en un frasco con alcohol, donde se conservaron a la perfección hasta el regreso a Londres.

El invierno tocaba a su fin, y el 23 de agosto se vieron los primeros rayos de sol. Tanto los noruegos como los británicos ardían en deseos de partir hacia el polo, pero aún hacía demasiado frío para el viaje. Los hombres de Scott se dedicaron a la investigación científica, pues Nelson era experto en biología marina, Debenham era geólogo, Wright era físico… Las observaciones realizadas en aquellos últimos días del invierno permitieron completar importantes estudios acerca de los glaciares, la salinidad del mar en aguas heladas, la meteorología polar y la cartografía antártica.

Los noruegos, por su parte, mostraron menos ambición científica pero más sentido práctico: hicieron tan sólo las observaciones meteorológicas que podían serles de utilidad durante el viaje al polo, y se dedicaron sobre todo a mantener y perfeccionar sus equipos, ejercitarse en el esquí y adiestrarse en el manejo de los perros.

El 8 de septiembre, la temperatura subió a 37 grados bajo cero. Amundsen temía que los trineos motorizados de los británicos fueran más veloces que sus perros, y decidió partir enseguida con siete hombres, siete trineos y ochenta y seis perros.

Al principio, el viaje fue plácido y veloz, pues recorrían unos 33 kilómetros por jornada. Pero, al tercer día, cayó una espesa niebla, y la temperatura bajó de golpe hasta cincuenta y tres grados bajo cero, lo que congeló el líquido de las brújulas. El frío era insoportable incluso dentro de las tiendas, por lo que los hombres construyeron dos iglús, que resultaban más cálidos. Johansen, el miembro más experimentado de la expedición, se encaró con Amundsen.

—Ya le advertí que era demasiado pronto para empezar el viaje —le dijo—. ¿No ve que vamos a morir todos?

—Está bien. Iremos hasta el depósito 80º, dejaremos allí la carga y regresaremos a la base —dijo Amundsen, enojado con Johansen y consigo mismo por haber cometido un error tan grave.

Con los trineos vacíos, el regreso fue mucho más rápido. El último día, cuando aún faltaban 73 kilómetros para la base, Amundsen ordenó realizar el trayecto de una tirada, pero dos hombres quedaron rezagados: Prestud, a quien se le habían congelado los pies, y Johansen, que había acudido a socorrerle. Los dos hombres se desorientaron, y la noche les sorprendió cuando vagaban sin

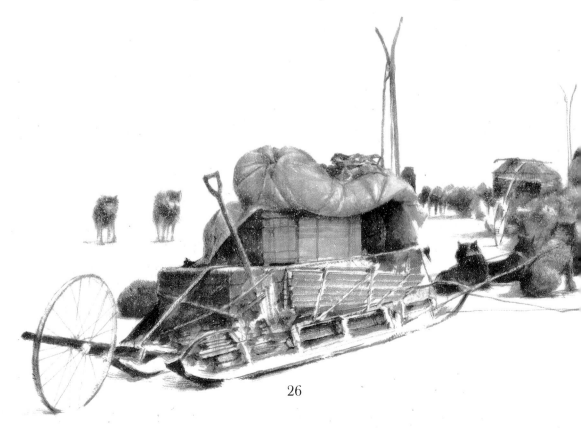

rumbo por la nieve. Al fin, de madrugada oyeron unos ladridos: ¡habían llegado a la base!

Al día siguiente, Johansen le gritó a Amundsen:

–¡No sirve para estar al mando! Nos ha dejado atrás sin preocuparse en absoluto por nosotros. Incluso yo sería mejor jefe que usted.

Por toda respuesta, Amundsen ordenó a Johansen que cogiera unos perros y se fuera a explorar la Tierra de Eduardo VII.

El grupo que viajaría al polo aún se redujo más: en lugar de los ocho hombres previstos, tan sólo irían cinco, lo que les permitiría avanzar más deprisa y disponer de más víveres. La expedición partió al fin el 20 de octubre y, después de hacer frente al viento y a la densa niebla en la Barrera de Ross, el día 23 alcanzaron el depósito 80°, donde descansaron y se alimentaron con carne de foca. El viaje siguió sin problemas, pero, tras abandonar el puesto 81°, la expedición atravesó una zona de profundas grietas. En un desliz, Hanssen se precipitó por una de ellas y fue a parar a un frágil saliente de hielo, mientras que el trineo, suspendido en el vacío, amenazaba con arrastrarlo. Sus compañeros reaccionaron con rapidez y lo rescataron a tiempo. Aquel mismo día, todos respiraron con alivio cuando alcanzaron el depósito 82°.

Los de Amundsen habían recorrido ya 270 kilómetros cuando los primeros británicos partieron hacia el polo. El 24 de octubre, una avanzadilla salió de la base con los equipos y víveres cargados en los dos trineos de motor, pero las máquinas fallaron pronto: a los seis días tuvieron que deshacerse del primer trineo, y a los ocho del segundo. El 3 de noviembre partieron Scott y su grupo, que hallaron a su paso los trineos abandonados y hubieron de afrontar dos graves problemas: los perros eran difíciles de manejar y los ponis se hundían en el hielo y morían de frío. Al final, hubo que deshacerse de los animales: los cuatro caballos que seguían vivos fueron sacrificados, y cuatro hombres regresaron a la base con los perros. El resto de la expedición ascendió el glaciar Beardmore arrastrando los

pesados trineos en largas y fatigosas jornadas de casi diez horas.
Algunos enfermaron de escorbuto a causa de la mala alimentación, pero no se rindieron. Una vez hubieron ascendido los 3.000
metros del glaciar, Scott eligió a los cuatro hombres que lo acom-
pañarían: el doctor Wilson, el capitán Oates, el oficial Evans y el teniente Bowers, quien avanzaba con grandes dificultades porque no
disponía de esquís. Pero después de tres semanas de arduo camino
por la meseta polar, el grupo descubrió un rastro de huellas en la
nieve que indicaba que los noruegos iban por delante.

Mientras tanto, Amundsen se acercaba al polo. El 11 de noviembre, los noruegos abandonaron el depósito 83° para iniciar el ascenso a las montañas Transantárticas por el peligroso glaciar Axel Heiberg, que alcanzaba los 3.000 metros de altitud. A pesar de la dureza del camino, los perros ascendían a buen paso por las crestas, y era necesario frenarlos en los descensos.

Una vez superado el glaciar, Amundsen sacrificó a todos los perros salvo a los dieciocho que necesitaba para tirar de los trineos. La carne de los animales sirvió de alimento fresco tanto para el resto de los perros como para los hombres, que veían menguar sus fuerzas día a día.

De repente, el tiempo empeoró mucho. Una aterradora tormenta de nieve, acompañada de fuertes vientos y densas nieblas, cayó sin tregua durante varias jornadas. En medio del vendaval, costaba mucho mantener el rumbo, y al final los noruegos quedaron atrapados en el laberinto de abismos y crestas de un glaciar espectacular. El hielo despedía allí hermosos reflejos azules, verdes y blancos, pero el glaciar era tan intrincado como bello. La expedición parecía hallarse en un callejón sin salida, y los hombres de Amundsen maldijeron una y otra vez aquel lugar al que bautizaron con el nombre de Glaciar del Diablo. Para escapar de allí, necesitaron tanto tesón como esfuerzo, pero el coraje acabó por triunfar. Por fin, ante los ojos de los noruegos apareció la meseta polar, una extensa llanura blanca que se perdía en la distancia.

Durante varios días, la expedición avanzó a paso rápido gracias a su destreza en el esquí y a un tiempo espléndido; sin embargo, los hombres no dejaban de otear el horizonte, temerosos de que los británicos les hubieran adelantado. Al anochecer del 14 de diciembre, los noruegos montaron las tiendas y se dispusieron a descansar, aunque apenas pudieron conciliar el sueño, pues se encontraban a tan sólo 27 kilómetros del polo. Al día siguiente reemprendieron la marcha, y Helmer Hanssen, que encabezaba la expedición, rogó a Amundsen que lo adelantara para que le cupiera el honor de ser el primer hombre en pisar el polo. A las tres de la tarde, Amundsen ordenó detener la marcha y, en medio de un silencio reverencial, los cinco noruegos se estrecharon la mano en señal de victoria. Según sus cálculos, se hallaban en la latitud 90°, el polo sur geográfico. Los puños congelados de los cinco expedicionarios cogieron el asta de la bandera, la clavaron en el suelo, y la enseña noruega empezó a ondear en el polo.

La expedición permaneció allí dos días, tiempo necesario para comprobar que su posición era correcta y para dejar pruebas de la hazaña lograda. Los noruegos midieron la latitud en numerosas ocasiones, colocaron banderolas en varios kilómetros a la redonda y tomaron fotos del lugar. Al marchar, dejaron tras de sí una tienda de campaña, algunas provisiones, una carta para el rey de Noruega y un mensaje para Scott.

Cuando los británicos consiguieron alcanzar el polo el 17 de enero de 1912, la bandera noruega llevaba treinta y tres días ondeando en el fin del mundo. Scott entró en la tienda plantada por Amundsen y leyó su mensaje:

Apreciado capitán Scott:

Es probable que usted sea el primero en alcanzar esta tierra después de nosotros, razón por la que le ruego que tenga la amabilidad de hacer llegar esta carta al rey Haakon VII. Si las necesita, no dude en hacer uso de las provisiones que hay en la tienda. Le deseo un feliz regreso.

Atentamente,

Roald Amundsen

Abatidos por la derrota y exhaustos por el viaje, los cinco hombres apenas dijeron nada. Gran Bretaña no podría vanagloriarse de haber descubierto el polo sur. «Hemos llegado», escribió Scott en su diario, «pero en circunstancias tan distintas de las que esperábamos que hemos perdido toda ilusión. ¡Qué decepción tan grande! ¡Este lugar es horrible! Afuera la temperatura es de treinta grados bajo cero, tenemos las manos y los pies congelados y estamos exhaustos. ¡Dios mío, el regreso será espantoso!».

Los británicos estaban tan agotados que Scott optó por no apresurar el regreso. Cuando emprendieron la marcha, el creciente frío y el hambre ya habían hecho mella en los hombres. Las provisiones escaseaban, y los depósitos instalados durante el viaje de ida resultaban difíciles de localizar en la blanca inmensidad de la nieve.

Evans parecía a punto de rendirse. Había sufrido una herida en un pie, y la gangrena avanzaba aprisa. Cierto día se rezagó tanto que sus compañeros tuvieron que retroceder para rescatarlo. Cuando por fin lo encontraron, iba arrastrándose por el suelo, sin guantes y con las manos completamente congeladas. Su mirada extraviada no ofrecía dudas: a Evans no le quedaba mucho tiempo de vida. Scott decidió montarlo en el trineo, pero aquella misma noche su amigo languideció poco a poco hasta morir.

La muerte de Evans fue un duro golpe para sus compañeros, que empezaron a temer también por sus vidas. El viaje de regreso continuó con temperaturas cada vez más bajas que llegaron a alcanzar los 34 grados bajo cero. Cada día recorrían tan sólo 13 kilómetros a lo largo de nueve interminables horas. Oates sufría graves congelaciones en los pies y las manos y comprendió que no podía seguir adelante. Sabía que no era más que un estorbo para sus compañeros, quienes avanzarían más rápido y dispondrían de una ración más si dejaba de acompañarles. El 17 de marzo, que era el día de su cumpleaños, Oates escribió una carta para su madre, se puso en pie, entregó la carta a Wilson y anunció:

—Voy a salir. Quizá tarde un rato.

Afuera rugía el vendaval, pero Oates había tomado una firme decisión: caminando dolorosamente con los pies gangrenados, se alejó de la tienda hasta ser engullido por un mar de nieve.

Aquel día, Scott escribió en su diario: «Oates ha muerto como un buen inglés, tal y como quisiéramos morir todos. Sabemos que nuestro final no está lejos».

Cuando los tres supervivientes reemprendieron la marcha, tenían las extremidades congeladas y se hallaban muy mermados por el escorbuto. Los depósitos que hallaban a su paso disponían de menos víveres y queroseno del que necesitaban. El 19 de marzo pasaron la noche a 20 kilómetros de la latitud 79° 29', donde se hallaba el depósito denominado Una Tonelada. Scott creía que lo alcanzarían al día siguiente, y salvarían así la vida, pero en la mañana del día 20 un vendaval de más de cien kilómetros por hora les impidió salir de la tienda. La tormenta duró varias jornadas, y los hombres perdieron la esperanza. Los alimentos y el combustible se acabaron, y los cuerpos entumecidos se debilitaron mucho: en pocos días los tres hombres no podrían mover un solo músculo.

A Scott la congelación le había gangrenado el pie derecho. Convencido de que iba a morir, escribió dos cartas sobrecogedoras: una para la esposa de Wilson y otra para la madre de Bowers. En ambas ensalzaba el noble comportamiento de sus dos amigos, de cuya muerte inminente se culpaba. «De haber sobrevivido», escribió, «habría conmovido a todos los ingleses con la historia del coraje y la entereza de mis compañeros. Pero tendrán que ser estas notas improvisadas y nuestros cadáveres quienes cuenten esa historia... Es una lástima, pero creo que no podré escribir más».

CAPT SCOTT'S ANTARCTIC
EXPEDITION 1911

Mientras tanto, los noruegos habían logrado regresar a su campamento tras recorrer más de 2.600 kilómetros en 99 días. Amundsen tenía prisa por regresar al mundo civilizado, pues deseaba que los telégrafos difundieran cuanto antes la noticia de su proeza.

En el campamento británico cundió la preocupación. Había caído de nuevo el duro y tenebroso invierno, y Scott y sus hombres no regresaban. Era evidente que había ocurrido una tragedia. Cuando volvió la primavera, los británicos formaron un pequeño grupo de rescate para localizar a los desaparecidos, y el 12 de noviembre, cerca del depósito Una Tonelada, divisaron un pequeño montículo puntiagudo en la nieve del que apenas sobresalían unos bastones de esquís y una caña de bambú.

Era la tienda que buscaban: allí dentro estaban los cuerpos de Scott, Bowers y Wilson. Tras recoger las pertenencias de los tres hombres, sus cuadernos de meteorología, las numerosas y pesadas muestras geológicas que habían tomado, sus diarios personales y sus cartas, los británicos pronunciaron una breve plegaria con el corazón encogido por la emoción. Decidieron que los tres fallecidos reposarían para siempre bajo los hielos de la Antártida, así que desmontaron la tienda sobre los cadáveres. Y, para que el recuerdo de aquellos trágicos héroes no languideciese nunca, construyeron sobre su tumba un pequeño túmulo y lo remataron con unos esquís que se atravesaban formando una cruz.

LA EXPLORACIÓN DE LA ANTÁRTIDA

Montserrat Fullà

Acaso siga existiendo gente que crea que explorar las regiones polares desconocidas carece de importancia. Eso es una muestra de ignorancia, por supuesto. No es necesario destacar lo importante que es explorar estas regiones meticulosamente. La historia del género humano es una pugna continua por salir de la oscuridad hacia la luz. Por consiguiente, no tiene ningún sentido hablar de la utilidad del saber: todo hombre desea saber, y cuando deja de hacerlo, deja de ser un hombre.

Fridtjof Nansen

En busca de la Antártida

Durante siglos, los europeos creyeron que al sur de África y América existía un continente de tierras cálidas y exuberantes pobladas por gentes hospitalarias que vivían de los frutos que la naturaleza les ofrecía a manos llenas. A partir del siglo XVIII, algunos navegantes con alma de pioneros se adentraron en los mares australes en busca de aquel paraíso imaginario. La primera expedición minuciosamente organizada se llevó a cabo en 1772, cuando el gobierno británico encargó al capitán **James Cook**, un experto marino que había cartografiado las costas de Australia y Nueva Zelanda, que zarpara desde Ciudad del Cabo con rumbo sur para explorar los océanos australes y tomar posesión de los territorios que pudiera hallar en aquella zona. El 17 de enero de 1773, el buque de Cook hizo historia, al convertirse en la primera embarcación que cruzaba el Círculo Polar Antártico; pero después de navegar durante tres años por aquellas frías aguas y de plantar la bandera británica en la desolada isla de Georgia, Cook escribió, profundamente decepcionado: «He dado la vuelta al hemisferio austral por una latitud alta y lo he bordeado de manera que puedo probar, sin réplica, que no existe ningún continente, a menos

Gracias a sus viajes de exploración, el capitán James Cook cambió el mapa del mundo más que ningún otro hombre en la historia.

43

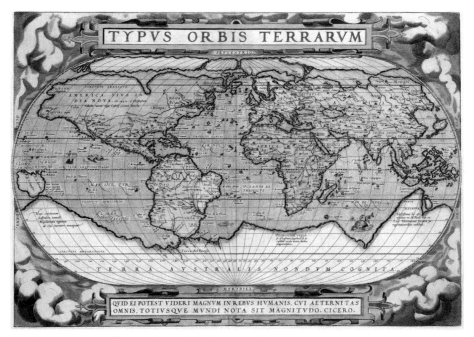

Desde antiguo se creía que al sur del planeta debía existir un continente para compensar la vasta extensión de tierra del hemisferio norte; pero, como nos revela este mapa de hacia 1570, nada se sabía de ese hipotético continente al que denominaban "Terra Australis".

que esté cerca del polo, inaccesible a causa del hielo, fuera del alcance de los navegantes».

La advertencia de Cook frenó durante décadas todo nuevo intento de encontrar el continente antártico. Tan sólo los barcos dedicados a la caza de ballenas o focas se adentraban en aquellas frías latitudes, donde abundaban los mamíferos marinos que ya empezaban a escasear en el Ártico. Como la competencia en la caza de cetáceos era feroz, los marineros mantenían sus rutas en secreto, por lo que apenas se divulgaban noticias sobre la geografía del océano Antártico. En 1819, sin embargo, el zar Alejandro I encomendó al **capitán Bellingshausen** que se dirigiera a aquella zona remota en busca de territorios que pudieran tener valor estratégico para la flota ballenera rusa. En enero de 1820, los dos buques de Bellingshausen penetraron en el Círculo Polar con el propósito de circunnavegarlo. Un día, en medio de una ululante tempestad de nieve, los marineros distinguieron entre la niebla unos enormes acantilados de hielo tras los cuales sobresalían unos fantasmagóricos promontorios blancos. Estaban divisando la Antártida, un continente desconocido hasta entonces, pero no comprendieron la importancia de su hallazgo. Algo semejante le sucedió en 1823 al intrépido ballenero inglés **James Weddell**, quien llegó 214 millas más al sur que Cook y se adentró en lo que hoy llamamos el mar de Weddell.

¿Qué había, pues, en la zona del polo, allí donde convergen los océanos Pacífico, Índico y Atlántico? ¿Se trataba de una masa continental o tan sólo de un intrincado laberinto de islas dispersas entre las aguas heladas? La incógnita fue resuelta por **James Clark Ross**, jefe de una cuidada expedición británica que zarpó hacia el Antártico en 1839 con la misión de localizar el polo sur magnético y de realizar investigaciones astronómicas, meteorológicas, geológicas, botánicas y oceanográficas en la zona antártica. La expedición estaba compuesta por dos buques, el *Erebus* y el *Terror*, forrados con planchas de cobre y reforzados en su interior con vigas dobles para que pudieran resistir la presión de los hielos. Ross penetró en el sur por el meridiano 170° E, muy lejos de donde se hallaban en ese momento la expedición francesa de Dumont d'Urville y la norteamericana de Charles Wilkes, que intentaban asimismo explorar el Antártico. Tras sortear durante cuatro días los enormes témpanos que topaban contra el casco de los buques, Ross vislumbró una costa desconocida a la que llamó Tierra Victoria en honor de la reina de Inglaterra. Luego, siguió bautizando con nombres británicos los accidentes geográficos que hallaba a su paso: cabo Adare, montes del Almirantazgo, monte Melbourne... En enero de 1841, la expedición distinguió en la bahía de McMurdo dos volcanes que en adelante se llamarían Erebus y Terror. El naturalista Joseph Hooker le escribió entonces una carta a su padre en la que describía el imponente paisaje del verano antártico:

> El agua y el firmamento eran de un tono intensamente azul, más vivo que el que he tenido ocasión de contemplar en los trópicos. La costa, saturada de hermosos picos coronados de nieves, reflejaba los más brillantes matices de oro y escarlata cuando el sol se aproxi-

Antes de encabezar su expedición a la Antártida, James Ross había localizado el polo norte magnético en 1831.

maba a la línea del horizonte. La oscura nube de humo salía de un volcán en llamas, el Erebus, formando una recta columna negra como el azabache.

La vista era de lo más impresionante que uno pueda imaginarse: nos hacía caer en la cuenta de que acabábamos de adentrarnos en regiones juzgadas hasta entonces impenetrables. La consideración de nuestra insignificancia y nuestro desvalimiento nos producía un sentimiento de terror.

Ross quería seguir navegando más al sur, pero el paso estaba cortado por un gigantesco acantilado o plataforma de hielo de 50 metros de altura, hoy conocido como Barrera de Ross. Durante dos veranos, la expedición intentó salvar aquella frontera final, pero sus esfuerzos fueron inútiles, por lo que el *Erebus* y el *Terror* hubieron de regresar a Inglaterra. Pese a este aparente fracaso, Ross podía enorgullecerse de haber llegado a los 78° 9' 30", la latitud sur más lejana jamás alcanzada por el hombre, y de haber constatado por fin que en torno al polo sur existía un continente: la gélida Antártida.

Ross describió la barrera que hoy lleva su nombre del siguiente modo: «A lo lejos, observamos una línea blanca y baja que se extendía más allá de nuestra vista. A medida que avanzábamos fue ganando en altura y al final resultó ser una muralla que se elevaba por encima de los palos más altos de nuestras naves».

La búsqueda de la Antártida

30° O | OCÉANO
ATLÁNTICO
0°
40°
Cabo de Buena Esperanza
• Ciudad del Cabo
ÁFRICA
30° E
30° E

Is. Georgias del Sur
60°
OCÉANO ÍNDICO
60° E
60° E

Is. Malvinas (Is. Falkland)
Estrecho de Drake
Is. Shetland del Sur
Weddell 1822-1823
MAR DE WEDDELL
Tierra de Enderby
Barrera de Amery

Punta Arenas •
ÉRICA L SUR
Cabo de Hornos
Círculo Polar Antártico
80°
POLO SUR
+
90° E
90° E

OCÉANO PACÍFICO
Barrera de Ross
MAR DE ROSS
Tierra Victoria
Tierra de Adelia
Wilkes 1839-1840
POLO SUR MAGNÉTICO +
D'Urville 1839-1840
120° E
120° E

60°
Tasmania
• Melbourne
AUSTRALIA
150° E
150° E

500   1000 km
250   500   750   1000 millas náuticas
millas náuticas

40°
NUEVA ZELANDA
180°

150° O

La búsqueda de la Antártida

	plataforma de hielo	→	James Cook (1772-1774)	⋯⋯►	James Ross (1841-1842)
	límite máximo de la banquisa	→	Bellingshausen (1819-1821)	– – ►	James Ross (1842-1843)
^^^^	límite de los hielos flotantes	→	James Ross (1839-1841)	➤	otros exploradores

La época heroica

Tras quedar demostrada la existencia de la Antártida, los exploradores de Europa y América se lanzaron a la aventura de pisar el continente blanco para descubrir territorios donde plantar la bandera de su país. Hasta entonces, nadie había desembarcado en la Antártida, y se ignoraba incluso si el cuerpo humano podría resistir las bajas temperaturas de aquellas latitudes. Sin embargo, las dificultades no amedrentaron a los pioneros, entre los que destacaron tres figuras de caracteres muy distintos: el noruego Roald Amundsen, el inglés Robert Scott y el irlandés Ernest Shackleton.

Amundsen, el héroe solitario de los polos

Roald Amundsen nació el 16 de julio de 1872, cuando los dos polos se hallaban aún sin conquistar. Era hijo, nieto y bisnieto de marinos, y se pasó la niñez leyendo libros sobre aventuras polares, pues soñaba con hacer grandes viajes y pisar el polo norte. Al morir su padre, en 1886, Amundsen inició la carrera de medicina a ruegos de su madre, pero a los dieciséis años presenció en las calles de Oslo un suceso que lo reafirmó en su vocación de explorador: el recibimiento que los noruegos tributaron a **Fridtjof Nansen** cuando el aventurero regresaba de su triunfal viaje por Groenlandia. Deseoso de igualar las hazañas del héroe, Amundsen decidió que algún día emprendería un viaje en busca del paso del noroeste, la ruta que comunicaba el Atlántico con el Pacífico bordeando América por el norte. Como él mismo explicó,

> El día en que Fridtjof Nansen regresó de su expedición a Groenlandia fue una fecha señalada para los jóvenes noruegos, y especialmente para mí. Aquel día tranquilo y soleado el joven esquiador noruego recorrió en barco el fiordo de Oslo, con su alto cuerpo refulgiendo por la admiración que suscitaba en el mundo entero a causa de la hazaña que había llevado a cabo: «La obra de un loco»; ¡lo imposible!... Aquel día anduve con el corazón en un puño entre estandartes y aclamaciones, y todos los sueños de mi niñez cobraron una vida pletórica. Y por primera vez oí, en mis pensamientos secretos, un susurro claro y persistente: ¡Si pudieras descubrir el paso del noroeste...!

Cuando murió su madre, el joven Amundsen se sintió libre para seguir su secreta vocación de explorador polar. Sin embargo, era cons-

Por iniciativa de Nansen (izquierda) se construyó el «Fram», un barco cuyo casco ovalado hacía que los hielos lo elevaran. Actualmente se conserva en un museo de Oslo.

ciente de que antes de lanzarse a la aventura debía adquirir una sólida experiencia como marino. Decidió enrolarse en un barco dedicado a la caza de focas, donde aprendió a calcular la velocidad de un buque, a averiguar la profundidad del mar en cualquier punto, a interpretar las cartas de navegación... En 1897, Amundsen se enroló como segundo oficial en la expedición al polo sur dirigida por el **barón De Gerlache**, un belga que ansiaba convertirse en pionero de la exploración antártica, pero cuyo barco acabó aprisionado entre los hielos a lo largo de once meses. La experiencia fue decisiva para Amundsen, que presenció cómo la tripulación del *Bélgica* se volvía taciturna y esquiva durante la larga noche polar. Por culpa de la mala alimentación, algunos marineros enfermaron de escorbuto: las encías les sangraban, se les caían los dientes y se sumían en profundas depresiones. El médico de la expedición y Amundsen sabían que la única forma de sanar de esa enfermedad era consumir carne fresca, por lo que salieron a cazar focas y pingüinos. La tripulación, sin embargo, se resistió a comer la carne de esos mamíferos hasta que uno de los marineros falleció.

Cuando por fin volvió a salir el sol, los hombres comprobaron que sus rostros estaban envejecidos y demacrados. Amundsen tenía el pelo gris, y un miembro de la tripulación había enloquecido, pero no todo eran malas noticias: las temperaturas ascendían y las olas empezaban a mecer el barco entre los hielos, por lo que la expedición pudo navegar con rumbo a Europa. Pese a que De Gerlache no había conseguido su propósito, su grupo había superado con éxito un reto difícil: habían sido los primeros hombres en invernar en la Antártida, y eso les había permitido realizar valiosas observaciones científicas.

Cuando Amundsen regresó a Oslo, ya había madurado su proyecto de franquear el paso del noroeste. La empresa era arriesgada: medio siglo antes, le había costado la vida al **capitán Franklin** y a 129 de sus hombres. Antes de ponerse en marcha, Amundsen consultó con Nansen, que en aquel momento era la máxima autoridad en viajes polares. Nansen aprobó el proyecto de Amundsen, quien compró un modesto barco llamado *Gjöa* y zarpó junto a seis compañeros el 17 de julio de 1903. Durante dos años, el grupo invernó en una cala de la isla del Rey Guillermo, situada en el intrincado laberinto de archipiélagos que componen el norte de Canadá. La estancia no fue inútil: Amundsen realizó registros que le permitieron corregir las observaciones sobre la situación del polo norte magnético llevadas a cabo por Ross setenta años antes, y simpatizó con los esquimales de la región, que le enseñaron a manejar los perros con

«Los sufrimientos que padecieron Franklin y sus hombres», escribió Amundsen, «me infundieron el deseo de pasar algún día por la misma experiencia. Tal vez fuera el idealismo de la juventud lo que me indujo a verme como una especie de cruzado de la exploración del Ártico». Muerte de Franklin, según una pintura de W.T. Smith.

destreza, a construir iglús y a confeccionar prendas de piel que mantenían el cuerpo caliente pero libre del temido sudor, que congelaba los miembros. El 13 de agosto de 1905, el *Gjöa* zarpó hacia el oeste, pero durante todo un invierno permaneció inmovilizado en la bahía de Mackenzie, circunstancia que Amundsen aprovechó para recorrer Alaska en trineo. Cuando volvió a hacerse a la mar, el barco navegaba entre hielos de tanta altura que un hombre había de encaramarse a lo más alto del palo mayor para indicar el camino al timonel. En setiembre de 1906, el *Gjöa* dobló el estrecho de Bering, lo que significaba que la expedición había culminado el paso del noroeste. «El sueño de mi infancia está cumplido», escribió Amundsen.

A su regreso a Europa, Amundsen tenía treinta y cinco años y soñaba con triunfar en un nuevo desafío: ser la primera persona en pisar el polo norte. Durante un tiempo, dictó conferencias sobre sus viajes para financiar su proyecto, pero en 1909 el estadounidense **Robert Peary** anunció que había plantado la bandera de su país en el polo norte, lo que supuso todo un revés para los planes de Amundsen. El noruego esbozó entonces un nuevo proyecto: viajaría a la Antártida para alcanzar el polo sur, intención que mantuvo en secreto incluso frente a Nansen por temor de que alguien se le adelantara. Pero ya sabemos que Scott compartía sus intenciones, lo que convirtió la conquista del polo sur en una auténtica carrera contrarreloj.

Siguiendo su costumbre, Amundsen planeó su expedición a conciencia. Su astucia y su capacidad de organización quedaron demostradas con creces durante el invierno que los noruegos pasaron en la bahía de las Ballenas a la espera del momento idóneo para partir hacia el polo. Entre otras cosas, Amundsen ordenó a sus hombres que excavaran cuevas bajo el hielo conectadas por túneles, donde podían trabajar a cubierto. En su interior, el hábil carpintero Bjaaland retocaba los esquíes y construía trineos muy ligeros con madera de nogal americano, mientras Wisting confeccionaba tiendas menos pesadas que las habituales y repasaba con cuidado las delicadas prendas de piel de reno con una máquina de coser de pedal. Amundsen poseía

Amundsen fue un hombre emprendedor y muy tenaz. Su dilatada experiencia polar y sus dotes de organización le ayudaron a triunfar en sus proyectos.

una capacidad inagotable para aprovechar todos los recursos que tenía a su alcance: incluso llegó a instalar un lavabo en los túneles, que permanecía limpio a todas horas gracias al insaciable instinto carroñero de los perros groenlandeses. El mismo dominio de la situación demostró el nórdico durante la carrera al polo, en la que logró derrotar a Scott gracias a que no había dejado nada al azar.

A su regreso de la Antártida, Amundsen ideó nuevos proyectos. El 11 de junio de 1914 consiguió la primera licencia de aviación civil expedida en Noruega, pues pretendía sobrevolar los polos. Sin embargo, los aviones de la época resistían mal las bajas temperaturas y carecían de la autonomía de vuelo necesaria para atravesar las grandes distancias polares, así que Amundsen perdió buena parte de su fortuna comprando aparatos que no le sirvieron para nada. Tras el fracaso, el noruego depositó sus esperanzas en el dirigible, vehículo que podía cubrir distancias mucho mayores que el avión. Al enterarse de que el joven ingeniero italiano **Umberto Nobile** había construido un dirigible capaz de recorrer 8.000 km sin aterrizar, Amundsen y sus colaboradores no dudaron en adquirir aquel ingenio, al que bautizaron con el nombre de su país: *Norge*. El propio Nobile acompañó a Amundsen en un vuelo transpolar de setenta horas entre las Spitsbergen y Alaska que confirmó que entre ambos puntos no existían islas ni tierra firme.

Tras la hazaña, Amundsen regresó a Oslo con el propósito de escribir un libro sobre sus aventuras. Sin embargo, abandonó su retiro a los dos años, cuando supo que Nobile había desaparecido al norte de Noruega cuando viajaba a bordo del dirigible *L'Italia*, pues el aparato había caído sobre los bancos de hielo tras una fuerte tormenta de nieve. «¿Piensa usted participar en las expediciones de socorro?», le preguntaron a Amundsen. «Por supuesto», respondió el explorador. El 18 de junio de 1928, Amundsen despegó de Bergen en un hidroavión ofrecido por el gobierno francés que, por desgracia, era poco apropiado para vuelos polares. Tan sólo dos horas después de iniciar su viaje, el noruego perdió el contacto por radio. Nobile y sus com-

La expedición del «Norge» fue financiada por Ellsworth, un rico industrial norteamericano.

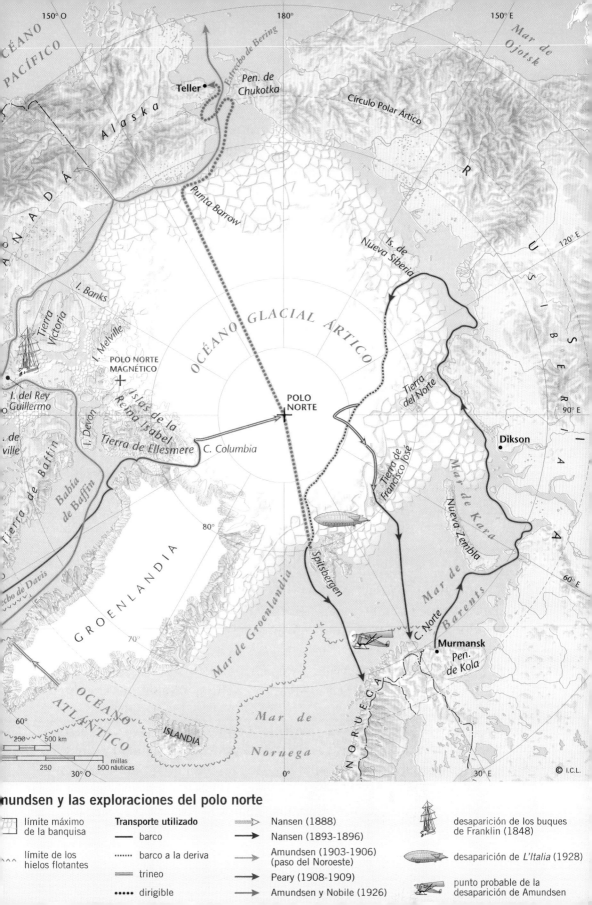

150° O · 180° · 150° E

OCÉANO PACÍFICO

Estrecho de Bering

Pen. de Chukotka

Teller •

Círculo Polar Ártico

Mar de Ojotsk

Punta Barrow

Is. de Nueva Siberia

120° E

Alaska

I. Banks

R U S I B E R I A

CANADA

Tierra Victoria

I. Melville

POLO NORTE MAGNÉTICO

Islas de la Reina Isabel

OCÉANO GLACIAL ÁRTICO

90° E

Dikson •

I. del Rey Guillermo

I. Devon

Tierra de Ellesmere

C. Columbia

POLO NORTE

Tierra del Norte

I. de ...ville

Tierra de Francisco José

Mar de Kara

Tierra ...de Baffin

Bahía de Baffin

80°

Nueva Zembla

60° E

...echo de Davis

GROENLANDIA

Spitsbergen

Mar de Barents

C. Norte

Murmansk •

Pen. de Kola

70°

Mar de Groenlandia

30° E

OCÉANO ATLÁNTICO

60°

ISLANDIA

0°

Mar de Noruega

N O R U E G A

250   500 km

250   500 náuticas millas

30° O   0°   30° E

© I.C.L.

...mundsen y las exploraciones del polo norte

límite máximo de la banquisa	**Transporte utilizado**	Nansen (1888)
	—— barco	Nansen (1893-1896)
límite de los hielos flotantes	········ barco a la deriva	Amundsen (1903-1906) (paso del Noroeste)
	═══ trineo	Peary (1908-1909)
	•••• dirigible	Amundsen y Nobile (1926)

desaparición de los buques de Franklin (1848)

desaparición de L'Italia (1928)

punto probable de la desaparición de Amundsen

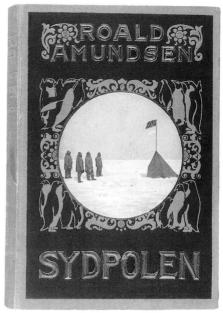

Roald Amundsen (izquierda) supo sacarle partido a sus hazañas. Al regresar de la Antártida escribió el libro «El polo sur» (1913) y fundó un próspero negocio naval.

pañeros fueron rescatados poco después, pero nadie logró localizar a Amundsen: el mítico explorador había desaparecido a los 57 años de edad, víctima de un destino trágico semejante al de Scott.

Scott y la sombra de Shackleton

Robert Falcon Scott nació el 6 de junio de 1868, en plena época victoriana, cuando Gran Bretaña acrecentaba día a día su imperio colonial. Continuando una larga tradición familiar, Scott entró en la marina cuando aún era muy joven. A los 14 años se enroló como guardiamarina en el buque de instrucción *Britannia*, donde se vio sometido a una rígida disciplina militar. Scott se pasó la juventud navegando por aguas del Atlántico y del Pacífico, y a los 25 años se graduó como teniente torpedista. Poco después, su vida dio un giro decisivo gracias al presidente de la Real Sociedad Geográfica, sir Clements Markham, quien había quedado impresionado por la buena reputación de hombre eficaz y serio que se había ganado el teniente Scott. Corría el año 1900 cuando Markham le propuso que encabezara una expedición al polo sur, for-

Por los méritos adquiridos en su primera expedición polar, Scott (izquierda) fue ascendido a capitán. A la derecha, el «Discovery» atrapado en los hielos de la Antártida en 1903.

mada por marinos de la armada británica. Por entonces, Scott apenas sabía nada sobre expediciones polares, pero aceptó la propuesta pensando que le facilitaría un rápido ascenso en la escala militar.

El *Discovery* partió hacia la Antártida en 1901, con Scott como comandante y Ernest Shackleton como segundo. Shackleton era un joven marino irlandés muy experimentado en la navegación que tenía un carácter opuesto al de Scott, pues se relacionaba con cordialidad con todos los miembros de la tripulación sin atender a las diferencias de rango o clase social, mientras que Scott imponía una férrea disciplina militar y mantenía las distancias con marinos de graduación inferior. A la larga, los dos hombres se enzarzaron en agrias disputas, en particular a partir del 2 de noviembre de 1902, cuando iniciaron su viaje a pie hacia el polo en compañía del médico y naturalista Edward Wilson. La relación entre Shackleton y Scott se volvió tan tensa que los dos hombres acabaron por retirarse la palabra, lo que obligó a Wilson a ejercer como intermediario entre uno y otro.

La expedición tuvo que dar media vuelta a 856 km del polo. Los tres hombres se hallaban muy fatigados, y Shackleton sufría fuertes ataques de tos y escupía sangre, pues había contraído el escorbuto. Cuando regresaron al campamento, Scott ordenó a Shackleton que volviese a Londres en un navío de relevo: la enfermedad de su subordinado le había ofrecido la excusa perfecta para deshacerse de él. Pero el irlandés acababa de llevarse la mayor decepción de su vida, pues la Antártida le había fascinado. Mientras se alejaba del continente, se prometió que volvería, pero en una expedición encabezada por él mismo.

A su regreso a Europa, Shackleton fue recibido como un héroe. También Scott disfrutó del reconocimiento general cuando el *Discovery* regresó a Gran Bretaña un año más tarde, en setiembre de 1904. Un público ansioso de noticias sobre la Antártida abarrotaba las salas donde Scott relataba los pormenores de su viaje; en una de aquellas conferencias el embajador norteamericano pronunció las siguientes palabras:

> Si ustedes dejan al comandante Scott continuar su gran obra y completar el mapa del mundo plantando la bandera británica en el polo sur, y a nuestro Peary, plantar la bandera norteamericana en el polo norte, el planeta que habitamos se encontrará, como debe ser, bajo la atadura cálida y fraternal de la raza anglosajona.

Mientras tanto, Shackleton se ganaba la vida como periodista, probaba fortuna en la política y reunía dinero para una nueva expedición al polo sur. Cuando por fin consiguió los fondos que necesitaba, hizo público su proyecto en el curso de una cena. Scott conoció las intenciones de Shackleton por la prensa, y se disgustó mucho, pues pensaba que el derecho a conquistar el polo sur le pertenecía en exclusiva.

Shackleton emprendió su viaje en 1907, a bordo de un barco ligero llamado *Nimrod,* y llegó a la Barrera de Ross en febrero del año siguiente. Tras instalar su campamento base al pie del monte Erebus, su expedición se dividió en dos grupos: una partida formada por tres geólogos se encargó de buscar el polo sur magnético, objetivo que consiguió tras pasar por múltiples penalidades; mientras tanto, el propio Shackleton se encaminó en octubre de 1908 hacia el polo sur geográfico acompañado por tres hombres y cuatro caballos. Por desgracia, los animales mu-

Robert Scott fue un hombre ambicioso que carecía de la experiencia necesaria para alcanzar el polo sur sin riesgos.

Interior de la cabaña de Shackleton en la bahía de McMurdo. Scott montó en cólera al saber que el irlandés no había tenido más remedio que instalar su campamento en el mismo lugar en que él lo hizo en 1902, pese a habérselo prohibido terminantemente.

rieron muy pronto a causa del frío, lo que obligó a los hombres a arrastrar del trineo cargado con el voluminoso equipo. Les quedaban tan sólo 180 km para llegar al polo cuando Shackleton hubo de tomar la decisión más difícil de su vida: seguir adelante o dar media vuelta. Comprendió que lo más sensato era regresar, pues, si bien podía llegar con sus hombres al polo, les resultaría casi imposible volver al campamento, ya que les faltaban víveres, estaban agotados, sufrían congelaciones y avanzaban en medio de unas insoportables temperaturas que a veces alcanzaban los 60° bajo cero. En una carta a su mujer, Shackleton resumió su postura con una certera metáfora: «He pensado que preferirías un burro vivo a un león muerto». Por supuesto, estaba decidido a volver para intentar de nuevo la conquista del polo, y se hallaba feliz de haber superado en 744 km el récord que Scott y él mismo habían alcanzado en 1902. En Inglaterra, una multitud lo acogió con aclamaciones, y el mismísimo rey le honró concediéndole el título de *sir*.

Ernest Shackleton era un líder nato que antepuso siempre el bienestar y la seguridad de sus hombres a su ambición personal.

La carrera entre Scott y Amundsen

Mientras Shackleton se convertía en uno de los hombres más admirados de Gran Bretaña, Scott se afanaba por recaudar fondos para organizar su segunda expedición a la Antártida. Celoso del éxito de su antiguo subordinado, y ante el rumor de que norteamericanos, japoneses y alemanes preparaban sendas expediciones al polo sur, Scott aceleró los preparativos de su propia expedición y acabó de poner a punto un viejo ballenero, el *Terra Nova*, ya que el *Discovery* se había vendido a la compañía Hudson's Bay. Por fin, el día 15 de junio de 1910 el *Terra Nova* partía de los muelles de Cardiff escoltado por multitud de embarcaciones y miles de personas que jaleaban a su héroe: todos ellos confiaban en que Scott proporcionase un gran triunfo a Gran Bretaña. Sin embargo, ya sabemos que Amundsen se interpuso en su camino y le arrebató la gloria que anhelaba. En contraste con la multitudinaria despedida del *Terra Nova*, los preparativos del *Fram* habían sido discretos y su puesta a punto rápida, porque la pequeña nación noruega disponía de un barco equipado especialmente para la exploración polar.

En cualquier caso, la conquista del polo sur fue algo más que la empresa personal de dos hombres de espíritu aventurero, pues poseía hondas connotaciones políticas. Y es que tanto Scott como Amundsen deseaban triunfar en la conquista del polo para honrar el nombre de su nación.

a ¿En qué momentos aluden los dos exploradores y sus hombres a sus respectivas patrias? ¿Con qué palabras o hechos manifiestan que el orgullo y el honor de su país está en juego?

Al terminar una de las conferencias que Scott pronunció tras regresar de su primer viaje a la Antártida, el embajador norteamericano intervino con un discurso muy revelador del objetivo que perseguían muchos viajes de exploración (pág. 56).

b Según se deduce de las palabras del embajador, ¿qué intereses parecían alentar estos viajes?

En apariencia, la finalidad expresa de la expedición de Scott no era económica o política.

c ¿Cuál era el propósito declarado de la expedición británica? ¿Lo llevaron a cabo? (págs. 13 y 22-24) En realidad, ¿cuál era el principal objetivo de Scott?

Amundsen ocultó el propósito de su expedición, lo que motivó que los británicos lo acusasen de obrar con doblez.

d ¿Cuál era la finalidad de la expedición de Amundsen? (pág. 11) ¿Crees que la actitud del noruego al ocultar su objetivo estaba justificada? Razona tu respuesta.

Uno de los episodios más tensos en la historia de la exploración antártica fue el momento en que el barco británico fue avistado por los noruegos desde su campamento.

e ¿Qué ocurrió al principio? ¿Qué actitud adoptaron los miembros de ambas expediciones al encontrarse? ¿Por qué podemos decir que su comportamiento era interesado?

Desde la llegada de ambas expediciones a la Antártida, y a lo largo del proceso de instalación de los depósitos de aprovisionamiento, resulta evidente que una de las expediciones está mejor preparada que la otra.

f ¿En qué medios de transporte confiaban respectivamente británicos y noruegos? ¿Qué ventajas e inconvenientes presentaba el uso de cada uno de esos medios?

g ¿Qué errores cometieron los británicos? ¿Por qué podemos decir que los noruegos actuaron con mayor pragmatismo que sus adversarios? (págs. 16 y 18-29)

Durante la expedición al polo, tanto entre los noruegos como entre los británicos se produjeron desavenencias y conflictos, inevitables cuando personas que poseen un fuerte carácter se ven obligadas a compartir situaciones tensas y peligrosas.

h ¿Qué conflictos se produjeron en la primera tentativa de Scott de alcanzar el polo y en la posterior carrera al polo de Scott y Amundsen? ¿A qué se debieron? (págs. 8, 26-27 y 55)

i En situaciones críticas o de riesgo para la propia vida, ¿crees que, en general, el ser humano tiende a ser solidario o egoísta? Argumenta tu respuesta con ejemplos.

Por motivos obvios, la llegada al polo tuvo un significado muy distinto para los noruegos y para los británicos.

j ¿Por qué razón Hanssen deja que Amundsen sea el primero en pisar el polo? (pág. 30) ¿Qué reconoce con tal gesto? ¿Cómo valoras su actitud? ¿Qué habrías hecho tú de haber estado en el lugar de Hanssen?

Entre las cosas que Amundsen le deja a Scott en la tienda plantada en pleno polo sur, se encuentra una carta que el británico debe entregar al rey noruego Haakon VII.

k ¿Qué opinas del contenido y el tono de esa carta, sobre todo teniendo en cuenta el destino que aguardaba a Scott y a sus hombres?

Para los británicos, el camino de regreso hacia el campamento fue un auténtico infierno. Todas las muertes fueron trágicas, pero las de Oates y Scott tuvieron una grandeza particular por distintas razones.

l ¿De qué razones se trata en cada caso? ¿Por qué Scott se convirtió en un mito si no fue el primero en llegar al polo?

m ¿Habrías participado tú en la carrera al polo sur, aun a sabiendas de los riesgos que entrañaba? ¿Crees que una expedición como la del polo sur debió hacerse en competencia o en colaboración con otros países? Razona tu respuesta.

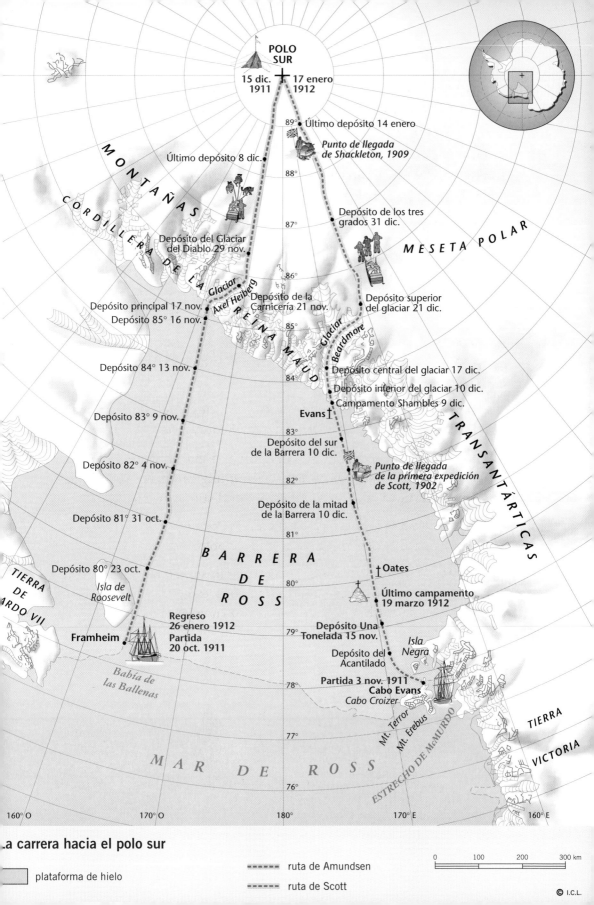

POLO SUR

15 dic. 1911   17 enero 1912

89° • Último depósito 14 enero

Punto de llegada de Shackleton, 1909

Último depósito 8 dic.

88°

Depósito de los tres grados 31 dic.

87°

MESETA POLAR

MONTAÑAS

CORDILLERA DE LA

Depósito del Glaciar del Diablo 29 nov.

86°

Depósito superior del glaciar 21 dic.

Glaciar Axel Heiberg

Depósito de la Carnicería 21 nov.

Depósito principal 17 nov.

Depósito 85° 16 nov.

85°

REINA MAUD

Glaciar Beardmore

84°

Depósito central del glaciar 17 dic.

Depósito 84° 13 nov.

Depósito inferior del glaciar 10 dic.

Campamento Shambles 9 dic.

Evans †

Depósito 83° 9 nov.

Evans

83°

Depósito del sur de la Barrera 10 dic.

TRANSANTÁRTICAS

Punto de llegada de la primera expedición de Scott, 1902

Depósito 82° 4 nov.

82°

Depósito de la mitad de la Barrera 10 dic.

81°

Depósito 81° 31 oct.

BARRERA

DE

ROSS

Depósito 80° 23 oct.

† Oates

80°

Último campamento 19 marzo 1912

TIERRA DE ARDO VII

Isla de Roosevelt

79°

Depósito Una Tonelada 15 nov.

Isla Negra

Framheim

Regreso 26 enero 1912
Partida 20 oct. 1911

Depósito del Acantilado

Partida 3 nov. 1911
Cabo Evans

78°

Cabo Croizer

Bahía de las Ballenas

Mt. Terror

Mt. Erebus

TIERRA

77°

MAR DE ROSS

ESTRECHO DE McMURDO

VICTORIA

76°

160° O   170° O   180°   170° E   160° E

La carrera hacia el polo sur

☐ plataforma de hielo

-------- ruta de Amundsen

-------- ruta de Scott

0   100   200   300 km

© I.C.L.

El capitán Scott, con la indumentaria de la expedición británica, insuficiente para soportar las gélidas temperaturas polares.

El «Terra Nova», el barco de Scott, viajaba hacia la Antártida sobrecargado con toneladas de alimentos para animales y personas y 500 toneladas de carbón. En la bodega se habían habilitado establos para los 19 ponis y en la cubierta se arracimaban 33 perros.

El 4 de enero de 1911 la expedición de Scott montó la cabaña en el cabo Evans, con el monte Erebus al fondo. La cabaña tenía 14 x 7 m y disponía de otras instalaciones adyacentes.

En contraste con la vida espartana de la expedición noruega, los hombres de Scott celebran el solsticio el 22 de junio de 1911 con un auténtico festín, pues los británicos habían traído consigo todo tipo de exquisiteces. Sentados, de izquierda a derecha, Debenham, Oates, Meares, Bowers, Cherry-Garrard, Scott, Wilson, Simpson, Nelson, Evans, Day y Taylor.

Interior de la cabaña de Scott, en su estado actual. La cabaña estaba dividida en dos secciones, una para los oficiales y científicos, y la otra para el resto de la tripulación.

Rincón de trabajo de Scott. Al conocer los planes de Amundsen, Scott escribió en su diario que el noruego probablemente acabaría venciéndole.

El capitán Scott y tres de sus hombres arrastran un trineo. Scott desconfiaba de los perros como fuerza motriz porque ninguno de sus expedicionarios sabía manejarlos. El arrastre de los trineos les hacía progresar con lentitud y exigía un esfuerzo agotador.

Tras atravesar la barrera de Ross, la expedición de Scott ascendió a la cordillera Transantártica por el glaciar Beardmore, que se muestra en la fotografía.

Oscar Wisting, uno de los expedicionarios de Amundsen, con su trineo y la traílla de perros. La destreza de los noruegos en el esquí y en el manejo de los perros fue decisiva para su rápida carrera al polo.

Amundsen debía presentar pruebas contrastadas de que había alcanzado el polo sur. Para ello realizaron varias comprobaciones durante diversas jornadas.

Tras un durísimo esfuerzo, la expedición de Scott alcanza el polo y se fotografía con el abatimiento reflejado en los rostros. De pie, y de izquierda a derecha, Oates, Scott y Evans. Sentados, Bowers y Wilson.

La heroica muerte de Oates fue inmortalizada en este cuadro de Dollman titulado «El capitán Oates: un caballero gallardo».

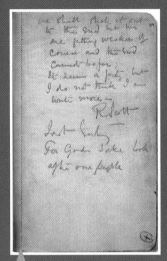

Última página del diario de Scott: «Aguantaremos hasta el final, pero cada vez estamos más débiles, por supuesto, y el final no debe estar ya lejos. Me parece una lástima, pero creo que no puedo seguir escribiendo. R. Scott. Por amor de Dios, cuidad de nuestra gente».

En noviembre de 1912 una expedición de socorro partió de cabo Evans, encontró la tienda de Scott, sacó sus pertenencias, levantó un túmulo de hielo encima y tomó esta fotografía. Nadie más ha vuelto a ver el túmulo, barrido y enterrado por las ventiscas de la Antártida.

La odisea del "Endurance"

Un nuevo desafío

Tras su trágica derrota, Scott se convirtió en un héroe nacional en Gran Bretaña, por lo que no parecía prudente tratar de emularlo. Sin embargo, Shackleton desafió la memoria del mito al planear una hazaña sin precedentes: quería ser el primer hombre en cruzar la Antártida. Se proponía recorrer a pie 2.400 km, desde el mar de Weddell hasta la bahía de Ross, pasando por el polo. Como él mismo explicó,

> Desde el punto de vista sentimental, es el último gran viaje polar que puede hacerse. Será un viaje más importante que ir al polo y regresar, y creo que le corresponde a la nación británica llevarlo a cabo, pues nos han derrotado en la conquista del polo norte y en la conquista del polo sur.

A Shackleton le costó mucho reunir fondos para su expedición, que al fin se financió en buena medida gracias a la venta anticipada del reportaje, las películas y las fotografías que habrían de dar testimonio del viaje. Para intentar reunir una tripulación, Shackleton publicó un curioso anuncio en la prensa que decía: «Se buscan hombres para un viaje arriesgado. Poco sueldo. Mucho frío. Largos meses de oscuridad total. Peligro constante. Regreso a salvo dudoso. Honor y reconocimiento en caso de éxito». La oferta parecía descorazonadora, pero cinco mil hombres respondieron al anuncio, entre los cuales fueron elegidos los veintisiete miembros de la expedición. Shackleton lo preparó todo a conciencia, pues no quería que nada fallase: consultó a expertos en nutrición, optó, al igual que Amundsen, por llevar perros y no caballos para tirar de los trineos y compró una goleta en un astillero noruego especializado en buques para expediciones polares. Bautizado con el nombre de *Endurance* ('resistencia'), aquel barco parecía idóneo para soportar la presión de los hielos antárticos, pues contaba con un grueso casco de roble y pino revestido de ocote, una madera de extraordinaria dureza. La expedición se completaba con un segundo barco: el

La tripulación de Shackleton era muy experimentada. Tanto Thomas Crean (de pie) como Alfred Cheetham (sentado) habían navegado ya en el «Discovery» y el «Terra Nova».

El 9 de diciembre el «Endurance» avanzaba ya con dificultad por entre las placas de hielo.

Aurora, que debía recoger en el mar de Ross a los seis hombres que atravesarían la Antártida.

Los preparativos del viaje duraron siete meses, en los que Shackleton apenas se concedió un instante de descanso. A primeros de agosto de 1914, el *Endurance* estaba a punto de zarpar, pero justo entonces estalló la primera guerra mundial. Shackleton temió por su sueño: dos veces había fracasado en su intento de llegar al polo, y las circunstancias históricas parecían dispuestas a malograr su tercera tentativa. El irlandés puso sus barcos y sus hombres al servicio del gobierno británico, y esperó en el mismo puerto la respuesta oficial. El Almirantazgo le envió un telegrama con una sola palabra: «Proceda», así que el 8 de agosto el *Endurance* emprendió viaje hacia los confines del mundo.

Atrapados en el hielo

Cuatro meses más tarde arribaría a la isla de San Pedro, donde los balleneros que allí residían informaron a los expedicionarios de las duras condiciones de navegación que el *Endurance* encontraría a partir de aquella latitud. Al cabo de un mes, Shackleton y sus hombres abandonaron la isla para adentrarse en las aguas del Antártico; pero aquel año la banquisa se había extendido muy al norte, lo que obligó al *Endurance* a avanzar con suma lentitud entre los enormes bloques de hielo que le salían al paso. Tan sólo faltaba un día para que el barco alcanzase su destino, en la Tierra de Coats, cuando una terrible tempestad obligó a detenerlo. Las temperaturas cayeron en picado, y las placas de hielo que rodeaban el barco quedaron soldadas al casco, con lo que el *Endurance* quedó encallado en la banquisa. Había, por tanto, que esperar a que las temperaturas subieran para que el hielo se derritiese y dejase libre al buque. Mientras tanto, la tripulación se entretenía observando a las manadas de focas, jugando al fútbol sobre el hielo, cantando a coro y entrenando a los perros.

Pero los días pasaban sin que nada cambiase, y Shackleton pronto comprendió que el barco seguiría inmovilizado hasta la llegada de la primavera, así que preparó a sus hombres para pasar el invierno en la banquisa. Su sueño de atravesar la Antártida comenzaba a desvanecerse, pero el irlandés no daba muestras de desánimo. Por el contrario, organizaba con entusiasmo la vida a bordo. Le encargó al carpintero que construyera algunos camarotes más abrigados y ordenó levantar iglús para dar cobijo a los sesenta y nueve perros y a los dos cerdos que la tripulación llevaba consigo. Estos últimos, sin embargo, acabaron por convertirse en carne salada, pues no se acostumbraron a la vida en el hielo y hubo que sacrificarlos.

Pese a los contratiempos, los hombres se mostraban alegres: organizaban carreras con los perros sobre el hielo e improvisaban apuestas, cazaban focas y pingüinos, jugaban al ajedrez y a las cartas y leían los libros de la nutrida biblioteca con que contaba el barco. Mientras tanto, el *Endurance* se movía sin cesar aunque pareciera inmóvil, pues la banquisa era en realidad una gran masa de hielo flotante que giraba sobre sí misma en el sentido de las agujas

El 18 de enero el «Endurance» quedó atrapado en la placa de hielo.

Para matar el tiempo, los hombres organizaban partidos de fútbol sobre la banquisa. A la derecha, Hudson, cuya habilidad para cazar pingüinos envidiaban todos.

del reloj a razón de 10 km diarios. De modo que, durante nueve meses, el *Endurance* avanzó hacia el norte a merced de la deriva, lo que lo alejaba día tras día de su destino.

A lo largo del oscuro y gélido invierno, no dejó de oírse el estruendo de los témpanos que chocaban entre sí y formaban crestas y montículos sobre la superficie de la banquisa. Pese a la dureza de su casco, el *Endurance* apenas podía soportar la enorme presión del hielo, y lanzaba hondos gemidos que hacían ladrar a los perros. Shackleton le confesó al capitán que el barco no aguantaría mucho. «Sólo es cuestión de tiempo», dijo. «Quizá sean unos meses, o sólo unas semanas o unos días, pero lo que el hielo atrapa, se lo queda».

En efecto, el 24 de octubre un estrépito enorme sacudió el barco. El *Endurance* se inclinó con rapidez hacia un lado mientras el agua penetraba con fuerza por los boquetes que los témpanos habían abierto en el casco. Durante tres días, los hombres trabajaron sin descanso con las bombas para achicar el agua, pero en la tarde del 27 de octubre un témpano en movimiento arrancó el timón y la cabina de popa. La quilla se desprendió, y el agua entró en torrentes por todas partes. Shackleton ordenó a la tripulación que abandonara de inmediato el barco. Aquella noche, el irlandés escribió en su diario: «Para un marino, su

Los hombres de Shackleton arrastran fatigosamente
los botes del «Endurance» sobre la banquisa.

barco es algo más que un hogar flotante. Ahora su madera se rompe entre temblores y crujidos, sus heridas se abren y poco a poco abandona la vida en el comienzo mismo de su carrera». La desolación de Shackleton era comprensible: el naufragio del *Endurance* suponía el fin definitivo de su sueño de atravesar la Antártida.

Por suerte, antes de que el barco se hundiera, la tripulación pudo rescatar tres de los cuatro botes salvavidas y cargar los trineos con grandes cantidades de víveres. Frente a sus hombres, Shackleton se mostró animado: «Hemos perdido el barco, así que nos volvemos a casa», dijo con tranquilidad. Pero él más que nadie sabía que el regreso no iba a resultar fácil, pues la tierra más cercana quedaba a cientos de millas. Los hombres se pusieron en marcha, arrastrando con cuerdas los botes, que pesaban más de una tonelada cada uno. Sin embargo, el esfuerzo era inútil: por culpa de la deriva, después de tres días andando, la expedición aún podía ver los mástiles del *Endurance*. Algunos marineros se irritaron, y Shackleton cambió de planes: decidió montar un campamento y dejarse arrastrar hacia el norte por la deriva del hielo.

El campamento Océano se montó a 2 km escasos del naufragado «Endurance».

Durante los más de cuatro meses en que el campamento Océano estuvo en pie, los hombres de Shackleton trataron de mantener su rutina: desayunaban a las ocho en punto, leían, comían pescado frito, salían a cazar focas, cenaban estofado de pingüino y dormían enlatados como sardinas en las tiendas. Al fin, en abril de 1916, el témpano sobre el que se asentaba el campamento había sido arrastrado hasta aguas más templadas, por lo que los hombres pudieron hacerse a la mar en los botes y poner rumbo a alguna isla.

En busca de ayuda

El viaje fue durísimo. Los hombres remaban sin descanso día y noche, alimentándose tan sólo con una galleta de marino al día, acerca de la cual uno de los tripulantes dejó escrito: «Se mira para desayunar, se chupa para comer y se come para cenar». La situación era desesperada. Algunos hombres habían enfermado de disentería, y otros lloraban como niños, convencidos de que iban a morir. Tenían las bocas hinchadas por los golpes de agua salada que recibían de continuo en el rostro y, cuando las olas eran más fuertes, el agua que entraba en los botes les llegaba hasta las rodillas. En la noche del sexto día se desató una furiosa tempestad que estuvo a punto de hundir una de las barcas, pero, cuando por fin amaneció, los hombres de Shackleton recobraron de pronto la alegría: habían llegado al pie de los acantilados de la isla Elefante. Iban a pisar tierra firme por primera vez en dieciséis meses.

Descargadas las provisiones, los hombres ponen los botes a buen seguro en la isla Elefante.

Sin embargo, no había que hacerse demasiadas ilusiones. La isla Elefante contaba con una buena población de pingüinos y focas que podían servir de alimento, pero era un lugar deshabitado que quedaba fuera de las rutas de los balleneros. ¿Quién iba a rescatarlos? Desmoralizados, algunos hombres cayeron en una profunda apatía. En cambio, Shackleton no estaba dispuesto a rendirse, y tomó una valiente decisión: se embarcaría en uno de los botes con otros cinco hombres y llegaría a la isla de San Pedro para pedir auxilio en la estación ballenera. La aventura era muy arriesgada: el grupo tendría que recorrer 1.300 km, un viaje por mar diez veces más largo que el que los había llevado a la isla Elefante. Navegarían por aguas muy bravas en pleno invierno, con una frágil barca de siete metros de eslora y con instrumentos de navegación poco precisos, con el propósito de encontrar una pequeña isla en la inmensidad del océano. Casi parecía un suicidio, pero Shackleton aceptó el reto: se sentía responsable de sus hombres y estaba decidido a salvarles la vida.

El bote elegido para la travesía se llamaba *James Caird*. Para aumentar su estabilidad, fue lastrado con 250 kilos de rocas y 700 kilos de pedruscos metidos en sacos hechos con mantas. El bote se hizo a la mar el 25 de abril de 1916, con alimentos para cuatro semanas, pero la supervivencia no iba a resultar fácil. Las aguas eran tan bravas que la barca estuvo a punto de hundirse en varias ocasiones, pues el vendaval

Reforzado el barco y escogida minuciosamente la tripulación, el «James Caird» es botado.

Bahía de la isla de San Pedro, fotografiada cuando el «Endurance» se dirigía a la Antártida.

generaba olas gigantescas por las que el *James Caird* descendía en picado. La embarcación al completo quedó cubierta por una capa de hielo de cuarenta centímetros, y los hombres debían emplear sus escasas fuerzas achicando el agua con la bomba. El hielo pudría los sacos de dormir, que se volvieron rígidos y llegaron a pesar hasta 18 kilos cada uno, y McNish, que llevaba el diario de a bordo, abandonó su tarea al séptimo día, tal vez con la certidumbre de que el bote acabaría en el fondo del océano. Al décimo día, dos miembros del grupo se hallaban tan débiles que Shackleton temió por sus vidas.

Por fin, en la tarde del 7 de mayo, un manto de algas marinas pasó junto al bote: ¡aquello significaba que empezaban a acercarse a tierra firme! Sin embargo, al día siguiente se desató una furiosa tormenta que estuvo a punto de estrellar la barca contra los acantilados. Al cabo, el temporal amainó y, tras diecisiete días en el mar, los hombres de Shackleton pisaron una de las playas de la isla de San Pedro.

Con todo, la pesadilla no había concluido, pues habían desembarcado en la costa sur de la isla, que estaba deshabitada. La factoría ballenera se encontraba en el norte, por lo que durante día y medio hubieron de atravesar toda la isla, tan montañosa y llena de glaciares que nadie hasta entonces había osado recorrerla. Por fin, a las tres de la tarde del día 20 de mayo, el grupo llegó al puerto del que había partido la expedición dos años antes, y llamó a la casa del jefe de la factoría ballenera. El hombre no logró reconocerlos, pues Shackleton y sus dos acompañantes estaban sucios, demacrados y harapientos, y llevaban unas largas barbas manchadas con la grasa de foca que habían utilizado durante meses para encender fuego. «¿No me conoce?», dijo el jefe de la expedición. «Soy Shackleton...».

Rescatar a los hombres que permanecían en la isla Elefante no fue tarea fácil. Shackleton se pasó cuatro meses haciendo gestiones para conseguir un barco y realizó tres intentos de rescate infructuosos, pero a finales de agosto de 1916 consiguió un remolcador que le pemitió llegar hasta sus compañeros. Cuando el barco se acercaba a la isla, Shackleton comenzó a contar a sus hombres a través de los prismáticos. Contra todo pronóstico, estaban los veintidós que había dejado allí ciento cinco días atrás: ¡la tripulación del *Endurance* se había salvado al completo! Era el mayor triunfo que Shackleton podía imaginar. Como él mismo escribió: «Hemos pasado por el infierno sin perder una sola vida».

Hoy en día, la asombrosa aventura del *Endurance* se considera uno de los episodios más cautivadores de la historia de la exploración polar, pero, cuando Shackleton y los suyos volvieron a Inglaterra en 1916, no suscitó demasiado interés entre los británicos, más interesados en-

Shackleton y Tom Crean se acercan en un bote a la isla Elefante para rescatar a los hombres que se habían quedado en ella. «¡Todo va bien!», exclamaron al ver a su jefe.

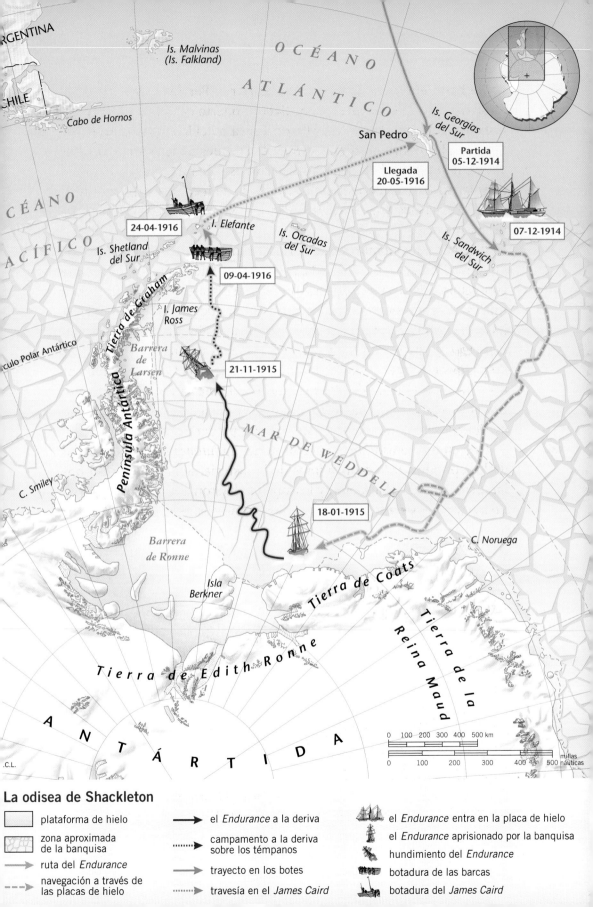

ARGENTINA

Is. Malvinas
(Is. Falkland)

OCÉANO

ATLÁNTICO

CHILE

Cabo de Hornos

Is. Georgias
del Sur

San Pedro

**Partida
05-12-1914**

OCÉANO

**Llegada
20-05-1916**

24-04-1916

I. Elefante

Is. Orcadas
del Sur

Is. Sandwich
del Sur

07-12-1914

PACÍFICO

Is. Shetland
del Sur

09-04-1916

I. James
Ross

Círculo Polar Antártico

Barrera
de
Larsen

Tierra de Graham

21-11-1915

Península Antártica

MAR DE WEDDELL

C. Smiley

18-01-1915

C. Noruega

Barrera
de Ronne

Isla
Berkner

Tierra de Coats

Tierra de la Reina Maud

Tierra de Edith Ronne

ANTÁRTIDA

0 100 200 300 400 500 km

0   100   200   300   400   500 millas
náuticas

.C.L.

La odisea de Shackleton

plataforma de hielo	
zona aproximada de la banquisa	
ruta del *Endurance*	
navegación a través de las placas de hielo	

el *Endurance* a la deriva	
campamento a la deriva sobre los témpanos	
trayecto en los botes	
travesía en el *James Caird*	

el *Endurance* entra en la placa de hielo	
el *Endurance* aprisionado por la banquisa	
hundimiento del *Endurance*	
botadura de las barcas	
botadura del *James Caird*	

El remolcador chileno «Yelcho» arriba al puerto de Punta Arenas con los supervivientes del «Endurance». Una multitud los recibió entusiasmada desde los muelles.

tonces por las noticias relacionadas con la guerra. Al volver a Inglaterra, varios tripulantes del *Endurance* tuvieron que empuñar las armas y partir hacia el frente a luchar contra los alemanes. Pese a lo mucho que habían sufrido, los hombres de Shackleton se vieron embargados por un cierto sentimiento de culpa, al percatarse que la guerra había segado millones de vidas en Europa mientras ellos se entregaban a una aventura de apariencia frívola.

En cuanto a Shackleton, siguió obsesionado con la Antártida, y en 1921, cuando ya contaba cuarenta y siete años, zarpó de nuevo hacia la región de los hielos en compañía de algunos de los hombres del *Endurance*. El viaje no tenía ningún propósito concreto: lo único que Shackleton pretendía era acercarse de nuevo al continente del que se había enamorado veinte años atrás. «A veces pienso que no sirvo para nada que no sea estar en regiones salvajes e inexploradas con otros hombres», había escrito el explorador en 1919. Sin embargo, su deseo de volver a la Antártida no se hizo realidad, pues, nada más llegar a la isla de San Pedro, Shackleton murió de un ataque al corazón. Sus hombres quisieron trasladar el cuerpo a Gran Bretaña, pero la viuda del aventurero irlandés decidió enterrar el cuerpo en el pequeño cementerio de la isla, a sabiendas de que su esposo preferiría reposar para siempre en un lugar barrido por los vientos antárticos.

Al preparar la expedición del «Endurance», Shackleton intentó evitar los errores que Scott había cometido.

a ¿Qué tipo de errores trató de evitar?

La mayor hazaña de Shackleton fue conseguir salvar a todos los miembros de su tripulación tras vivir dos años en unas condiciones extremas.

c ¿A qué atribuyes el éxito de Shackleton?

En 1956, el geólogo Raymond Priestley resumió con unas atinadas palabras los méritos de cada uno de los tres exploradores antárticos: «Como jefe de una expedición científica, yo elegiría a Scott; para un raid polar rápido y eficaz, a Amundsen; pero, en medio de la adversidad y cuando no ves salida, ponte de rodillas y reza para que te envíen a Shackleton».

d Justifica la validez de la afirmación de Priestley aportando ejemplos de lo que has leído sobre Scott, Shackleton y Amundsen.

Scott, Amundsen y Shackleton son considerados en sus respectivos países como héroes nacionales.

e Tras conocer sus aventuras, ¿crees que esta clase de héroes son idealistas y generosos, o vanidosos y egoístas? ¿Qué impulsaba las acciones de hombres como aquellos aventureros?

f ¿Puede una persona corriente convertirse en héroe? A menudo mitificamos a personas que se hacen de notar por cualquier razón pero que en verdad no tienen mérito alguno. ¿Somos siempre justos al crear a nuestros ídolos? ¿Qué crees que se debe valorar en una persona para que sus hechos puedan calificarse de heroicos?

LA ANTÁRTIDA, HOY

Quien tenga la fortuna de sobrevolar la Antártida, no verá bajo sus pies más que un inmenso manto blanco roto muy de vez en cuando por la cresta rocosa de alguna cumbre. El continente antártico se halla sepultado bajo una densa corteza de hielo que tiene un espesor medio de dos kilómetros y alcanza los 4.000 metros en algunos puntos. A primera vista, esa espesa capa de hielo parece inmóvil, pero en verdad se mueve poco a poco, lo que explica que hoy en día el punto que Amundsen señaló como polo sur geográfico se encuentre ya a unos 400 metros del polo real. La corteza de hielo llega incluso a adentrarse en el océano, sobre el que forma grandes bancos con acantilados de hasta 400 metros de altura. Algunos de ellos ocupan superficies muy extensas, como sucede con la Barrera de Ross, que supera en extensión a la península Ibérica. De esas inmensas plataformas de hielo se desprenden con frecuencia grandes icebergs: algunos tienen el tamaño de la isla de Mallorca, y, al adentrarse en el océano, confunden y aterran a los navegantes. En conjunto, la corteza de hielo ocupa 13.900.000 km^2 y constituye la mayor reserva de agua dulce del mundo. Si se fundiera, el nivel de los mares ascendería hasta tal punto que lugares como Nueva York o Barcelona quedarían sumergidos bajo las aguas, y el continente antártico, libre de la pesada carga de hielo, ascendería unos 800 metros.

Aunque la Antártida es un yermo en el que no resulta fácil vivir, el continente ha suscitado la codicia de múltiples países, deseosos de explotar los recursos minerales y energéticos que se esconden bajo el hielo. Por fortuna, en 1959 se acordó el Tratado Antártico, que fue firmado por los doce países que tenían estaciones en el continente: Argentina, Australia, Bélgica, Chile, Francia, Gran Bretaña, Noruega, Nueva Zelanda, Estados Unidos, Japón, Suráfrica y la URSS. El tratado aplazó las reivindicaciones territoriales de los diversos países y estableció que la Antártida se usaría para la investigación científica. Sin embargo, la inconsciencia del hombre ha producido graves daños a la atmósfera de la Antártida, pues en ella se han concentrado los clorofluorocarbonos (CFC) procedentes de los aerosoles y los líquidos refrigerantes de las neveras que se usan por todo el mundo y que destruyen la capa de ozono que protege la Tierra de las radiaciones nocivas del sol.

Mientras los intereses económicos y políticos amenazan la Antártida, los científicos prosiguen sus investigaciones en el continente, que ha sido cartografiado con gran precisión gracias a las imágenes proporcionadas por los satélites. Estas imágenes han revelado que, bajo los 3.750 metros de la capa de hielo del glaciar continental, existe un lago líquido que ha recibido el nombre de Vostok y es el mayor lago subglacial conocido: tiene una superficie de 14.000 km². Del hielo que lo cubre se ha obtenido una increíble muestra vertical de 3.600 metros de altura de cuyo estudio se sacarán valiosísimos datos sobre las variaciones climáticas que se han producido en la Tierra en los últimos 450.000 años. Si en el futuro se comprueba la existencia de microorganismos en las aguas del lago Vostok, podría confirmarse la posibilidad de la existencia de vida en los lagos subglaciares de otros planetas. Las investigaciones científicas antárticas iniciadas hace poco más de un siglo habrían adquirido así una dimensión inusitada.

Nuevos edificios de la estación norteamericana «Amundsen-Scott» en la Antártida.